VERGANGENE
UND KÜNFTIGE LEHRPLÄNE

REDE, GEHALTEN ZU MAILAND
DEN 22. APRIL 1905

VON

DR. GINO LORIA

ORD. PROFESSOR DER HÖHEREN GEOMETRIE AN
DER UNIVERSITÄT GENUA

BEI GELEGENHEIT DER DURCH DIE VEREINIGUNG »MATHESIS« VERANSTALTETEN BEZIRKSVERSAMMLUNG VON MATHEMATIKPROFESSOREN

ABGEDRUCKT IN BOLL. ASS. MATHESIS ROMA 9, 1904/05

AUTORISIERTE ÜBERSETZUNG VON
DR. H. WIELEITNER (SPEYER)

LEIPZIG
G. J. GÖSCHEN'SCHE VERLAGSHANDLUNG
1906

Spamersche Buchdruckerei in Leipzig

Vorbemerkung des Übersetzers.

Durch die Liebenswürdigkeit des Herrn Gino Loria bin ich in den Stand gesetzt, einem weiteren deutschen Leserkreise die Kenntnis eines Vortrags zu vermitteln, der, wenn auch für italienische Verhältnisse berechnet, doch mutatis mutandis auch auf unsere im allgemeinen ja schon etwas besseren deutschen Zustände paßt und sich, wie mir scheint, durch besonders klare Herausarbeitung der leitenden Ideen auszeichnet. Auch ist die Rede die erste und, soviel mir bekannt, bisher einzige italienische Stimme im gegenwärtigen Kampfe um die Reform der mathematischen Lehrpläne und vielleicht auch in dieser Hinsicht nicht ohne Interesse.

Die Übersetzung ist wörtlich nach dem Original. Ich habe nur in den Noten einige Ergänzungen beigefügt.

H. Wieleitner.

L'età presente si sente vecchia e manifesta il presentimento non del prossimo fine, che nulla finisce, ma della sua trasformazione.

Carducci.

Meine Damen und Herren!

Es ist ein durch seine häufige Anwendung sattsam bekannter rhetorischer Kunstgriff, daß man versucht die Gunst der eigenen Zuhörer zu gewinnen, indem man sich so hinstellt, als ob man nur dem unwiderstehlichen Drängen von Freunden oder Kollegen nachgebend das Wort ergriffe. Auch ich möchte mich, um mir Ihre so nötige liebenswürdige Nachsicht zu sichern, Ihnen gern im Gewande eines Mannes vorstellen, verurteilt eine Pflicht zu erfüllen, der er sich unmöglich entziehen kann, und so wenigstens Ihr Mitgefühl wachrufen. Aber die Wahrheit — jene Göttin, deren Priester wir alle sind — gebietet mir im Gegenteil zu erklären, daß ich auf dieser Stelle des Kampfes nur aus eigener Wahl stehe; und ich erfülle eine unabweisbare Pflicht des Dankes gegen die Vorstandschaft der Vereinigung Mathesis, daß sie mir die erstrebte Ehre verschaffte, vor Ihnen eine Frage zu behandeln, deren Besprechung dringlich erscheint, d. i. über die Notwendigkeit, in der sich, nicht bloß nach meinem bescheidenen Urteil, der mathematische Unterricht unserer Mittelschulen befindet, die Notwendigkeit radikale Reformen durchzuführen, wenn anders er heute noch der hohen Aufgabe gerecht werden will, die ihm von der Gesellschaft anvertraut ist.

Werfen Sie mir nicht vor, verehrte Herren Kollegen, ich unternähme mit einer solchen Einmischung einen unberechtigten Streifzug in ein Gebiet, über das Sie sich unbestrittener Eigentumsrechte rühmen; die verschiedenen mathematischen Fächer sind so eng miteinander verknüpft, daß, wer das eine vertritt, nicht ohne Interesse sein kann noch darf für alles, was in denen vorgeht, die von den anderen gelehrt werden; und es ist meine Überzeugung, daß nur durch das angedeutete herzliche Zusammenarbeiten all derer, die sie pflegen und lehren, es erreicht werden kann, daß ein einheitlicher Gedanke die Entwicklung einer Wissenschaft beherrsche, die, wenn auch weit verzweigt, doch sowohl nach ihrer Natur, wie nach ihrer Methode einheitlich ist.

Von demselben Gedanken erfüllt nimmt die »British Association for the Advancement of Science« seit langer Zeit unter die Themen, die im Laufe ihrer jährlichen Versammlungen erörtert werden, auch Fragen des Unterrichtes auf; und es ist allgemein bekannt, welch reicher und fruchtbarer Austausch von Ideen infolgedessen stattfand.

Die Gesellschaft der deutschen Naturforscher befolgte dieses Beispiel und seit 1896 steht die Zielbestimmung des vorbereitenden wissenschaftlichen Unterrichts auf der Tagesordnung ihrer eigenen regelmäßigen Zusammenkünfte.

Es sei auch nicht verschwiegen, daß in ähnlicher Absicht im Jahre 1903 zu Paris in der Hochschule für Sozialwissenschaften ein Zyklus von Vorträgen abgehalten wurde über demokratische Erziehung[1]) (unter welchen ich besonders den von Hadamard über die exakten Wissenschaften hervorheben möchte, ohne mich der dort aufgestellten These durchaus anzuschließen), und daß, ebenfalls zu Paris, im Jahre 1904 im pädagogischen Museum eine Reihe von interessanten Beratungen stattfand über die mathematisch-physikalischen Lehrpläne der französischen Mittelschulen, Beratungen, deren Grundlage einige glänzende Vorträge von Poincaré, Lippmann und Borel[2]) bildeten.

Mögen Sie aber nicht das Bedenken oder die Befürchtung hegen, als ob ich hierher gekommen sei Ihnen die herben, jedes Nährwertes entbehrenden Früchte der Grübeleien eines einsamen Theoretikers vorzusetzen. Im Gegenteil, wenn ich es in Hinblick auf die Zukunft Italiens für unerläßlich halte, die öffentliche Meinung zugunsten einer Auffrischung unserer vermoderten Lehrpläne zu bearbeiten, so tue ich das deswegen, weil ich zu meinem schmerzlichen Erstaunen mich überzeugen mußte, daß unser Vaterland sich heute im Vergleich mit den vorangeschrittensten Kulturvölkern bedeutend im Rückstand

[1]) E. Lavisse, A. Croiset, C. Seignobos, P. Malepert, G. Lanson, J. Hadamard: *L'éducation de la démocratie* (Paris, F. Alcan, 1903).

[2]) *Conférences du musée pédagogique. L'enseignement des sciences mathématiques et des sciences physiques*, par MM. H. Poincaré, G. Lippmann, L. Poincaré, P. Langevin, E. Borel, F. Marotte, *avec une Introduction de* M. L. Liard (Paris, Imprimerie nationale, 1904). — Vgl. die Besprechung in Unterrichtsbl. f. Math. u. Naturw. 11 (1905), S. 133/34.

befindet. Pflicht eines guten Bürgers scheint es mir heute einen Alarmruf auszustoßen, stark genug, die Schläfrigen zu wecken, die Trägen aufzurütteln und zum Kampfe zu begeistern die weniger Mutigen[1]). Diese Pflicht zu erfüllen, welch bessere Gelegenheit konnte sich mir bieten als die gegenwärtige Zusammenkunft, wo Sie herbeigeeilt sind mit dem festen Vorsatze gegen jeden Versuch energisch Stellung zu nehmen, der darauf abzielen sollte, das Niveau des wissenschaftlichen Unterrichts in den klassischen Schulen zu erniedrigen?

II.

Um nicht mißverstanden zu werden, möchte ich vor allem aussprechen, daß es mir ganz fern liegt, in irgend einer Weise den Wert der Neuerungen leugnen oder herabmindern zu wollen, die in die Methode der Darstellung einzelner Teile der Elementar-Mathematik eingeführt wurden. Ich erinnere nur, mit freudiger Genugtuung und berechtigtem nationalen Stolze, an die Untersuchungen über die Grundlagen der Geometrie, die Battaglini und Beltrami nach Italien verpflanzten[2]) und dort zu wundervoller Blüte brachten, so daß ihre Ergebnisse für würdig befunden wurden wieder über die Alpen ausgeführt zu werden. In ähnlicher Weise erreichte, hauptsächlich durch die Arbeit einiger aus unserer Mitte[3]), die Theorie der Inhaltsgleichheit ebener und räumlicher Figuren jenen hohen Grad der Vollendung, der in unseren besten Lehrbüchern zutage tritt. Und schon seit einiger Zeit trat die strenge Lehre von den Irrationalzahlen an die Stelle jenes etwas flüchtigen Verfahrens, das in einer unüberlegten Erweiterung der rationalen Arithmetik bestand, die sich auf das bequeme Prinzip von der »Allgemeingültigkeit der Analysis« zu gründen glaubte. Außerdem haben

[1]) Im folgenden beschäftige ich mich nur mit den Gymnasien und der physikalisch-mathematischen Abteilung der technischen Unterrichtsanstalten. Aber die Klagen, die nicht vor langem erhoben wurden über den Mangel der Versicherungsmathematik im Lehrplan der Handelsabteilung, zeigen, daß meinen Bemerkungen gewiß eine noch größere Tragweite zukäme.

[2]) Man sehe darüber das X. Kap. meines Buches: *Il passato ed il presente delle principali teorie geometriche.* 2. Aufl. Turin (C. Clausen) 1896. Nach der 1. Aufl. ins Deutsche übersetzt von F. Schütte. Leipzig (Teubner) 1888.

[3]) Ich habe hier vorzugsweise im Auge die beiden Schriften von De Zolt *Principi della egualianza dei poligoni* und *Principî della egualianza dei poliedri* (Mailand, Brigola, 1881 und 1883).

auch noch einige andere Abschnitte der Elementar-Mathematik in bezug auf Inhalt und Darstellung eine Form angenommen, die dem heutigen Stande der Wissenschaft entspricht, während die Gunst, mit der viele den von Bretschneider, Méray und de Paolis gemachten Vorschlag aufnahmen Planimetrie und Stereometrie zu vereinigen, hoffen läßt, es möchte mancher nicht abgeneigt sein, einen der wichtigsten Zweige unserer Wissenschaft in diesem Sinne von Grund aus zu reorganisieren.[1])

Was aber, wenigstens in den allgemeinen Zügen, unverändert blieb, ist der Plan der mathematischen Studien auf den Mittelschulen als solcher, so daß man nicht mit Unrecht bemerkt hat, daß, nach den Zeremonien bei Leichenbegängnissen, die pädagogischen Einrichtungen diejenigen sind, die den Anstrengungen der Neuerer den hartnäckigsten Widerstand entgegensetzen. Die Urheber der verschiedenen Lehrpläne scheinen nicht gewußt zu haben, daß mit Descartes und Fermat, mit Leibniz und Newton für die exakten Wissenschaften ein neues Zeitalter begann und daß es, im besonderen, in den ersten Jahrzehnten des 19. Jahrhunderts glückte, den eisernen Ring zu durchbrechen, in dem sich ewig zu fristen die Geometrie verurteilt schien. „Von Zeit zu Zeit — schreibt Herr J. Tannery [2]) — treten einzelne ernste und gemessene Personen zusammen, alle ergriffen von den hohen Interessen, über die sie zu wachen haben, um die Lehrpläne durchzusehen und zu verbessern, immer mit der Absicht sie zu erleichtern; nach vielem Bemühen gelangen sie nicht weiter als irgend eine Linie zu verschieben oder, wenn wir viel sagen, einige hinzuzufügen bzw. zu streichen." Diese Worte, die der hervorragende französische Gelehrte nur in Hinblick auf sein eigenes Land schrieb, können sie nicht fast wörtlich auf das unsere angewendet werden, trotz der beklagten zu häufigen Änderungen unserer Schulordnungen?

Und doch, warum sollte man denn im Unterrichtswesen nicht den Mut haben, den Geist von den bedauerlichen Fesseln zu befreien und vom Kampfplatz der Ideen auszuschließen alles was veraltet ist, um Neuem, Fruchtbringendem Raum zu geben?

[1]) Es ist hier wohl auch der Ort, von neuem auf die italienischen Lehrbücher der Elementargeometrie hinzuweisen (vgl. Thieme, Verh. d. III. Intern. Math.-Kongr., S. 641): P. Veronese, *Elementi di Geometria ad uso dei Licei ed Istituti tecnici* und *Appendice agli Elementi di Geometria,* Verona, Fratelli Drucker, 1900, sowie G. Ingrami, *Elementi di Geometria per le scuole secondarie superiori,* Bologna, G. Cenerelli, 1901.

[2]) *Les mathématiques dans l'enseignement* (Revue de Paris, 1. Aug. 1900).

III.

Beschränken wir für den Augenblick unsere Betrachtungen auf die Geometrie als das Fach, in dem die Verhältnisse am geklärtesten und eindrucksvollsten sich darbieten, so ist der Plan, nach dem dieser Wissenszweig auf unseren Gymnasien gelehrt wird, im ganzen so, wie er aus den *Elementen* des Euklid hervorgeht, und wie er vermutlich schon, von da ab, in den Schulen des alten Griechenlands zugrunde gelegt wurde; die Renaissance ließ ihn wieder in Kraft treten, nachdem sie sorgfältig den Staub von ihm gewischt hatte, der sich auf ihm während des dunklen Mittelalters ansammelte, und wir haben ihn beibehalten. Dieser Lehrgang erscheint gewiß mit tiefer, scharfsinniger und weitschauender Einsicht abgefaßt, wenn man sich den Stand des Wissens zu der Zeit seiner Entstehung gegenwärtig hält und das Ziel, das man mit seiner Hilfe zu erreichen gedachte. Eine Algebra gab es damals nicht, die Arithmetik lag noch in den Windeln und nur die Geometrie war reif und kräftig. Was man erstrebte, war, so viel von »geometrischer Algebra« und von Geometrie zu lehren als genügte, den Schüler in den Stand zu setzen die Schriften zu verstehen, die man damals als höhere Mathematik ansprechen konnte, das sind die Werke des Archimedes und Apollonius, dazu noch die anderen, welche Pappus von Alexandria mit gelehrten Kommentaren versehen oder wenigstens pietätvoll vor der Vergessenheit bewahrt hatte. Nun dürfte niemand vernünftigerweise im Zweifel sein, daß ein solcher Zweck verfolgt wurde, denn wer immer sich mit den *Elementen* Euklids vertraut gemacht hat, ist imstande, die ganze klassische Mathematik Griechenlands zu verstehen und zu würdigen.

Aber ist vielleicht das Ziel, welches sich heute der geometrische Unterricht auf den Mittelschulen setzen soll, dasselbe geblieben? Um zu beweisen, daß auf eine solche Frage unter Fachmännern ohne Zögern eine verneinende Antwort erfolgen muß, dürfte die Tatsache genügen, daß von den eben erwähnten Werken viele nicht mehr vorhanden sind und die übrigen nur noch von einzelnen Forschern zu Rate gezogen werden, die sich mit der Geschichte der Wissenschaft früherer Zeiten befassen.

Eine Folge des angedeuteten Wechsels im Endziel mit Beibehaltung der Mittel zur Erreichung desselben ist die Tatsache, daß der Student, wenn er die Schulsäle des Gymnasiums hinter sich hat und in eine unserer mathematischen Fakultäten eintritt, sich in eine geistige Atmosphäre verschlagen findet, die nichts mit jener gemein hat, in der er bislang lebte. Die geometrischen Figuren, die im Euklid starr, unbeweglich, gleichsam ohne Seele erschienen, stellen sich ihm nun, im Lichte der modernen Geometrie, als in beständiger Verwandlung befindlich vor, und so eröffnen sich seinem bestürzten Blicke Verwandtschaften von einer ungeahnten, überraschenden Allgemeinheit; die leidige fortwährende Bezugnahme auf die Figur, die Notwendigkeit bei jedem Satze eine große Anzahl von Fällen zu unterscheiden, die ewige Betrachtung kongruenter und ähnlicher Dreiecke, die unaufhörliche Anwendung des pythagoreischen Lehrsatzes, lauter Dinge, die ihm während seiner Jugend die schönste aller Wissenschaften unsympathisch und verhaßt machten, kann er nun zu einer vergangenen Periode rechnen, die er vollständig überwunden hat; und er besitzt entweder die Kraft mit vollen Lungen den belebenden Sauerstoff zu atmen, der ihm zugeführt wird, oder aber er verläßt entmutigt einen Studiengang, für den er sich nicht genügend vorbereitet fühlt.

IV.

Diese beklagenswerten Zustände, wie sie eben geschildert wurden, die dem Unterrichte der logischsten aller Wissenschaften die Stetigkeit raubten, sind, zum Teil wenigstens, minder drückend geworden, so daß heute der Niveauunterschied zwischen dem mathematischen Unterricht auf den klassischen Schulen und dem Universitätsunterricht weit weniger fühlbar ist, als er es noch vor 20 Jahren war; das Verdienst hiervon kommt aber nicht so sehr günstigen Ministerialentschließungen zu als vielmehr der mutigen und verständigen Initiative geschickter Lehrer, die die neue Zeit begriffen. Gleichwohl ist der beregte Mißstand in der Tat immer noch vorhanden und wir müssen unser möglichstes tun ihn für alle Zeit zu beseitigen!

Wenn ich nicht irre, kann man für die Fortdauer dieses Zustandes außer dem konservativen Geiste, der, nach einem unumstößlichen Gesetze, jedwede Organisation beherrscht, zum Teil auch die eigenartige Natur der Disziplin verantwortlich machen, mit der wir uns beschäftigen. Wie dies Beltrami so schön ausdrückte, „in der mathematischen Wissenschaft kann der Triumph neuer Ideen niemals die schon errungenen Wahrheiten beeinträchtigen; er kann nur ihre

Stellung oder ihren logischen Zusammenhang verändern und ihren Wert oder Gebrauch steigern oder abschwächen"[1]). In ihr gibt es keine Doktrinen, wie die Phlogiston-Theorie oder den Grundsatz des »horror vacui« oder das aristotelische Prinzip von der Unverwesbarkeit der Himmelssphären, Dinge, die heute kein Professor ohne zu erröten vom Katheder herab als der Wirklichkeit entsprechend verkünden könnte; was für Euklid richtig war, war es auch für unsere Väter und ist es in gleicher Weise für uns, und wer es lernte von Jugend auf, fühlt ein unbesiegbares Bedürfnis, es andere wieder zu lehren.

Eine weitere Wurzel des beklagten Beharrens der Zustände liegt in den unauslöschlichen Spuren des Humanismus, die wir alle mehr oder minder bewahrt haben und die uns zu einer etwas übertriebenen Begeisterung entflammen für alles, was nur nach Klassizität aussieht. Das ist ein Gefühl nicht ausschließlich von uns Italienern, das aber, wenn man auf ein Mahnwort hören will, das Herbert Spencer seinen eigenen Landsleuten noch aus der Gruft zuwarf[2]), möglichst bald muß überwunden werden, wenn man will, daß der Unterricht das Ziel erreiche, das Ernst Rénan in so einsichtsvoller Weise bezeichnete, nämlich jenes, alle teilnehmen zu machen wenn auch nicht an der heutigen wissenschaftlichen Arbeit, so doch wenigstens an den Ergebnissen dieser Arbeit.

V.

Um ein solches Ziel zu erreichen oder ihm wenigstens näher zu rücken, müssen in den Mittelschulunterricht vor allem so bald als möglich mindestens einige jener allgemeinen Ideen eingeführt werden, die, da sie fortwährend aufs wirkungsvollste in die mathematischen Theorien eingreifen, sozusagen als deren Rückenmark betrachtet werden können.

Hier ist vor allem anderen wichtig der Begriff der Funktion, ein Begriff, der — um ein anschauliches Bild F. Kleins zu gebrauchen — die Wirkung eines Fermentes ausüben muß, das ganze Gefüge unserer

---

[1]) Siehe den Anfang des berühmten *Saggio d'interpretazione della geometria non euclidea* (Giorn. mat. 6, 1867), frz. von Hoüel im Journ. Éc. Norm. 6, 1869.

[2]) Man sehe die posthume *Autobiographie* des berühmten Philosophen.

Wissenschaft belebend und stärkend[1]). Mit diesem Vorschlage ist nicht gemeint, man solle nun die jugendlichen Schüler gleich den allgemeinsten Begriff der Funktion lehren, wie er in den höchsten Regionen der Analysis auftritt, sondern einzig und allein die Idee der funktionalen Abhängigkeit, so wie sich dieselbe nicht bloß in vielen elementarmathematischen Theorien darbietet, sondern auch bei zahlreichen wirklichen Erscheinungen und bei den gewöhnlichsten Dingen, die mit dem menschlichen Leben verknüpft sind. Die elementare Algebra und Trigonometrie geben instruktive und wichtige Beispiele, wie man solche Beziehungen streng verfolgen kann und bieten so zugleich das Mittel der Definition des Funktionsbegriffes alles zu nehmen, was auf den ersten Anblick verschleiert und ich möchte sagen metaphysisch erscheinen kann; andere Beispiele hingegen, der physischen Welt entnommen, mögen die Grundpfeiler bilden zu der idealen Brücke zwischen Mathematik und Wirklichkeit, die nach der Anschauung hervorragender Pädagogen unbedingt geschlagen werden muß[2]).

Nicht viel weniger wichtig als der Funktionsbegriff ist ein anderer, dem man bei jedem Schritte in der Mathematik begegnet, sei es in seiner sozusagen statischen Form der Korrespondenz oder Abbildung, sei es in seiner dynamischen Gestalt als Transformation. Dieser Begriff liegt, allerdings latenterweise, vielen Kapiteln der antiken Geometrie zugrunde; ans Licht gezogen aber und in Wirksam-

---

[1]) Denselben Gedanken sprach auch Prof. Fehr in einem Vortrag aus (*La notion de fonction dans l'enseignement mathématique des écoles moyennes*), den er am 17. Dez. 1904 bei Gelegenheit einer Versammlung schweizerischer Mathematikprofessoren hielt. Vgl. L'enseign. math. 7, 1905, S. 177—186.

[2]) Vgl. die bekannten Vorträge von Laisant, gesammelt in dem Bande: *L'éducation fondée sur la science* (Paris, F. Alcan, 1905).

Auf die Nützlichkeit, den Unterricht in der reinen Mathematik mit praktischen Anwendungen zu beleben, habe ich in einer Mitteilung *Sur l'enseignement des mathématiques en Italie* auf dem III. Intern. Mathematikerkongreß in Heidelberg, August 1904, hingewiesen. Vgl. die Verh. d. Kongr. (Leipzig, Teubner, 1905), S. 594 ff. Nun macht mich Prof. Pieri aufmerksam, daß derselbe Gedanke sich schon meisterhaft entwickelt findet in einem Werke von L. Ximenes mit dem Titel *I sei primi libri della geometria piana* (Venedig 1752); und ich ergreife gern die Gelegenheit, die Lehrer der Mathematik auf ein Werk der guten alten Zeit hinzuweisen, aus dem man noch recht vieles lernen kann.

keit gebracht wurde er erst von den Mathematikern des abgelaufenen Jahrhunderts; indem diese ihn von Grund aus studierten, zuerst in den Fällen der Kollinearität und Korrelation, dann unter der umfassenden Voraussetzung rationaler Transformationen und schließlich in seiner ganzen Allgemeinheit, enthüllten sie seine außerordentliche Leistungsfähigkeit; nicht lange, und auch die Analysten griffen ihn auf und machten von ihm Anwendungen von solcher Bedeutung, daß man ihn heute als leitenden Begriff sowohl der Wissenschaft von der Zahl als der Wissenschaft von der Ausdehnung bezeichnen muß. Nachdem die Einführung dieses Fundamentalbegriffs in den elementaren Geometrieunterricht, zu der auch neuerdings wieder Darboux riet[1]), bereits in einigen in- und ausländischen Lehrbüchern erfolgte, ist es nicht weiter nötig so viele Worte zu machen, um seinen Nutzen und seine Vorteile zu erweisen.

Wenn wir uns Poincaré anschließen[2]) wollten, müßte man den Anfängern auch den Begriff der Gruppe (algebraischer Operationen oder geometrischer Transformationen) beizubringen suchen; aber das ist eine Frage, die noch weiterer Studien zu bedürfen scheint. Gleichwohl ist jedem Lehrer von heute dringend zu raten, er möge sich immer gegenwärtig halten, daß nur der Begriff der Gruppe allein eine Verbindung herstellt zwischen verschiedenen anscheinend ganz heterogenen Theorien.

Indessen aber gießen schon die Begriffe der Funktion und der Korrespondenz solche Ströme Lichtes über viele Abschnitte der Elementar-Mathematik und sind vollauf genügend, da sie so deren gemeinsame Natur und Herkunft offenbaren, der Darstellung jene Einheit und Lebenskraft zu geben, deren Fehlen so tief und so allgemein beklagt wird. Sie werden die beneidenswerte Macht besitzen, den uns zufallenden Unterricht weniger trocken und dafür um so anziehender zu machen, so daß wenigstens für diesen in Zukunft die scharfe Bemerkung Tannerys[3]) nicht mehr zutreffend wäre, „es sei eines der sichersten Ergebnisse unseres klassischen Unterrichtes, die Studierenden an die Langeweile zu gewöhnen“.

---

[1]) In der *Étude sur le développement des méthodes géométriques, lue le 24 Sept. 1904 au Congrès des Sciences et des arts à Saint-Louis* (Bull. sc. math. 1904).

[2]) Siehe die S. 5 zitierten *Conférences.*

[3]) Siehe den bereits zitierten Aufsatz.

VI.

Außer diesen Begriffen allgemeinen Charakters sind es ganze mathematische Theorien, die sich der Höhe des Mittelschulunterrichtes anpassen ließen; das sind die Elemente der analytischen Geometrie und der darstellenden Geometrie, jene als wesentlicher Bestandteil der Planimetrie, diese als Bekrönung der Stereometrie.

Was nun die erste dieser Disziplinen betrifft, so ist der Vorteil der vorgeschlagenen Neueinführung jedem klar, der erwägt, daß doch das kartesische Koordinatensystem schon implicite in der Theorie der Kreisfunktionen verwendet wird, daß es die klarste und verständlichste Versinnlichung des Funktionsbegriffes ermöglicht (dessen Aufnahme in den Mittelschulunterricht ich schon warm befürwortete) und daß seine Anwendung auf Gerade, Kreise und Kegelschnitte keine algebraischen Kenntnisse erfordert, die über lineare und quadratische Gleichungen hinausgingen. Im übrigen macht es die immer weiter dringende Gewohnheit, an Stelle von numerischen Tabellen geeignete Kurven zu setzen, jedem Gebildeten unerläßlich, sich genaue Rechenschaft zu geben von der vollständigen Äquivalenz, die zwischen einer nach einem gewissen Verfahren ausgeführten Berechnung und einer einem gewissen Gesetz gehorchenden Kurve besteht. Denen aber, die etwa fürchten, ein solcher Stoff könnte zu hoch sein für die jungen Schüler, möchte ich zur Erwägung geben, daß Quintinus Sella, als er 1856 mit dem mathematischen Unterricht in der gewerblichen Abteilung des technischen Instituts zu Turin betraut wurde, es verstand, in wenigen geistvollen Vorträgen all die Begriffe der ebenen und räumlichen analytischen Geometrie kurz darzustellen, die unerläßlich sind, um auf einer sicheren Grundlage das Gebäude der orthogonalen Axonometrie zu errichten[1]). Sollte auch diese Tatsache noch nicht unbedingt überzeugend sein, so möchte ich mir gestatten die Lektüre eines ganz neuen Buches von Prof. Gibson[2]) zu empfehlen, wo die graphische Darstellung der Funktionen in einer solchen Form vorgeführt wird, daß niemand, auch nur von mittel-

---

[1]) Wie ausgezeichnet Sellas didaktische Methode war, kann man daraus entnehmen, daß diese nur lithographiert herausgegebenen Vorlesungen mehr als einmal ins Deutsche übertragen wurden. Man sehe *Über die geom. Prinzipien des Zeichnens, insbesondere über die Axonometrie*; deutsch von M. Curtze (Arch. Math. Phys. **43**, 1865).

[2]) *An elementary Treatise on Graphs* (London, Macmillan, 1904).

mäßiger Begabung, irgend ein Hindernis finden kann sich dieselbe anzueignen.

Was ferner die verfochtene Einführung der darstellenden Geometrie in den Lehrplan der Gymnasien betrifft — in den der technischen Schulen war sie ja immer schon aufgenommen — so erinnere ich nur daran, wie häufig man sich der Notwendigkeit gegenüber sieht, sich dreidimensionale Figuren vorzustellen und zu zeichnen, um bestimmte Operationen an ihnen auszuführen. Vergegenwärtigt man sich dies, leuchtet dann nicht sofort ein, wie wichtig es wäre, so schnell als möglich zu lehren, daß der Korrespondenzbegriff bei geeigneter Anwendung zu einem praktischen Mittel führt jede körperliche Figur durch eine ebene zu ersetzen, unausführbare räumliche Zeichnungen auf gewöhnliche ebene Konstruktionen zu reduzieren und überhaupt jedes stereometrische Problem auf eine Frage der ebenen Geometrie zurückzuführen? Beunruhigen Sie sich nicht, verehrte Herren Kollegen, über eine derartige Umwandlung der Lehrpläne; fürchten Sie nicht, Ihre Schüler möchten daraufhin nicht mehr imstande sein zu folgen; vergessen Sie nicht, daß, was man fordert, nicht mehr ist, als daß die wissenschaftlichen Fundamente gelegt werden möchten für jenes Zeichenverfahren, das seit den Zeiten Vitruvs die Architekten zu ihren täglichen Beschäftigungen zählen und daß dies ausgeführt werden kann nur mit Hilfe des elementarsten Teiles der Stereometrie; halten Sie sich schließlich vor Augen, daß Charles Dupin, der berühmteste unter den Schülern von Monge, als ihm 1825 ein Kurs in Geometrie und Mechanik am Konservatorium für Kunst und Handwerk zu Paris übertragen wurde, keinen Augenblick zögerte die Elemente der doppelten Projektion mit einzubegreifen[1]; kann man nun annehmen, was als für einfache Arbeiter verständlich angesehen wurde (und das war es in der Tat), das werde jemand, der schon eine bestimmte Bildung besitzt und an strenges Denken gewöhnt ist, unangenehm und schwierig erscheinen?

Gestatten Sie mir zu einer letzten Bekräftigung meines Vorschlages darauf hinzuweisen, daß die von mir sehnlichst gewünschte Umwandlung schon eine vollendete Tatsache ist bei Nationen, die

[1]) Siehe das dreibändige Werk *Géométrie et mécanique des arts et métiers* (Bruxelles 1826). — Übrigens hat denselben Gedanken schon Monge selbst in seiner ersten Veröffentlichung über diesen Gegenstand (*Géométrie descriptive*, Paris an VII) ausgesprochen.

nicht mit Unrecht von sich selbst annehmen, sie schritten an der Spitze der Zivilisation. Nun befinde ich mich gewiß nicht unter denen, die vor allem, was außerhalb der geographischen Grenzen unseres Landes vor sich geht, sich mit der höchsten Bewunderung zu Boden werfen; andererseits aber halte ich es eines Gelehrten, der diesen Namen wirklich verdient, für unwürdig, als Leitwort sich das törichte Motto von Friedrich Nietzsche anzueignen, das dieser Philosoph seiner *Fröhlichen Wissenschaft* vorsetzte:

„Ich wohne in meinem eigenen Haus
Hab Niemandem nie nichts nachgemacht..."

VII.

Um die Beweiskraft der Gründe für meine Vorschläge noch zwingender zu machen, kann man die Bemerkung hinzufügen, daß es ein gemeinsames Los aller Theorien ist, im Laufe der Jahre in den Gesichtskreis eines weiteren Publikums zu gelangen, sich gleichsam zu demokratisieren; so ist das was noch Chasles im Jahre 1852 *Géométrie supérieure* nannte, heute nicht mehr an der Spitze, sondern am Sockel des geometrischen Gebäudes; und was zu Zeiten eines Bordoni sich den stolzen und abschreckenden Beinamen *Calcolo sublime*[1]) gab, ist heute ein einfacher Abschnitt im Studiengang jedes Technikers.

Außerdem habe ich als Beweis, daß meine Forderungen nicht übertrieben sind, für mich die Tatsache, daß dieselben in Frankreich nicht bloß schon erhört wurden, sondern dort ist man sogar so weit gegangen, in den Mittelschulunterricht die Elemente der Infinitesimalrechnung einzuführen! In welcher Weise und in welchem Maße das möchte ich hier nicht weiter ausführen; aber ein vorzügliches Buch der Brüder Tannery [2]) setzt jeden instand, dies zu erfahren, wenn er sich hierfür interessiert. Statt dessen darf ich aber wohl ausdrück-

[1]) *Lezioni di calcolo sublime*, Mailand 1831.

[2]) *Notions de mathématiques* von J. Tannery. *Notions historiques* von P. Tannery (Paris, Ch. Delagrave, 1903). — Auch die auf Grund der neuen Vorschriften in Frankreich erschienenen Lehrbücher seien hier erwähnt: É. Borel, *Algèbre, premier et second cycle*, Paris, A. Colin, 1903; C. Bourlet, *Précis d'algèbre*, Paris, Hachette, 1904; A. Grévy, *Traité d'algèbre*, Paris, Vuibert et Nony, 1905; sowie das etwas höhere Ziele verfolgende Werk von J. Tannery, *Leçons d'algèbre et d'analyse*, Paris, Gauthier-Villars, 2 Bde., 1906.

lich darauf hinweisen, daß eine stattliche Schar von Denkern, voran eine Persönlichkeit von dem Rufe F. Kleins [1]), gegenwärtig bestrebt ist zu erreichen, daß das Beispiel Frankreichs auch auf dem anderen Ufer des Rheinstroms befolgt werde, in ihrem Bestreben unterstützt und ermutigt sowohl durch sehr gute Erfolge, die schon in einigen deutschen Schulen erzielt wurden [2]), wie durch wiederholt ausgesprochene Gutachten der Gesellschaft deutscher Ingenieure [3]). Wenn

---

[1]) Siehe den neuen Band: F. Klein und E. Riecke, *Neue Beiträge zur Frage des math. und phys. Unterrichts in den höheren Schulen.* Teil I. Leipzig (Teubner) 1905. — Vgl. auch die hier einschlägige Rede von F. Lindemann beim Antritt des Rektorats der Universität München (26. Nov. 1904): *Lehren und Lernen in der Mathematik.*

Auch Österreich hat sich neuerdings der Bewegung angeschlossen. Man sehe darüber die bemerkenswerte Abhandlung von Prof. Zahradník (Brünn) *Über die Frage der Verwendung der Infinitesimalrechnung beim Unterricht in der Mathematik und Physik an den österreichischen Mittelschulen* im Bd. **19** (1905) der Zeitschrift *Österreichische Mittelschule,* S. 36—54. In diesem Artikel ist folgende These aufgestellt: „Es ist sehr wünschenswert, daß in den Lehrplan der Mittelschulen diejenigen Elemente der Differential- und Integralrechnung aufgenommen werden, welche zu einer korrekten, dem gegenwärtigen Stande der Wissenschaft und den Anforderungen der modernen Didaktik vollkommen entsprechenden Behandlung sämtlicher lehrplanmäßig aus der Mathematik und Physik durchzunehmenden Lehren notwendig sind, die ihrem Charakter nach in das Gebiet der Infinitesimalanalysis gehören, die aber bisher nach sogenannten elementaren, in jeder Hinsicht minderwertigen, oft gänzlich unzureichenden Methoden erledigt werden mußten.“ — Auf dem Naturforscherkongreß zu Meran (September 1905) haben sich ferner die Prof. E. Czuber (Wien) und F. Hočevar (Graz) in ganz ähnlicher Weise ausgesprochen. Siehe den Vortrag des ersteren im Jahresb. Dtsch. Math.-Ver. **15**, 1906, S. 116 ff. Die Rede des letzteren soll demnächst in der Zeitschr. math. nat. Unterr. erscheinen.

[2]) *Verh. der Breslauer Naturforscherversammlung über den naturw. und mathem. Unterricht an den höheren Schulen* (Leipzig, F. C. W. Vogel, 1905), S. 67. — Man vergleiche hier auch die ganz neuerdings herausgegebenen *Reformvorschläge für den math. und nat. Unterricht,* entworfen von der Unterrichtskommission der Gesellschaft deutscher Naturforscher und Ärzte (Zeitschr. math. nat. Unterr. **36**, 1905, S. 533 ff.). Die Kommission war in bezug auf Einführung der Infinitesimalrechnung geteilter Meinung, so daß sie diese Frage noch offen ließ. In Anlehnung an diese *Reformvorschläge,* mit Bejahung der Frage nach Einführung der Infinitesimalrechnung, hat die bayrische Sektion des Vereins zur Förderung des Unterrichts in Math. und Naturw. im Oktober 1905 einen *Vorschlag* ausgearbeitet, mit dessen baldiger Einführung Bayern an der Spitze des Fortschritts in Deutschland schritte.

[3]) Siehe die vorhin erwähnten *Verh.* S. 65.

ich auch zweifle, ob heute schon für Italien der Augenblick gekommen sei, sich in diesem Kampfe den politischen Bundesgenossen anzuschließen, so verdient derselbe doch gewiß unsere volle Sympathie, sei es auf Grund von wissenschaftlichen Erwägungen, sei es aus Gründen anderer Art; und ich bitte Sie mir zu gestatten, trotzdem mein Gegenstand mich bereits verleitet Ihre Geduld zu mißbrauchen, sowohl über die einen wie über die anderen Gründe einen raschen Überblick geben zu dürfen.

Wer aufmerksam den Dingen auf den Grund sieht, wird sofort erkennen, daß, was wesentlich charakteristisch ist für die Infinitesimalrechnung, was infolgedessen dem Studierenden zu Beginn Schwierigkeiten macht, nicht so sehr der bezügliche Algorithmus ist, als die genaue Einsicht in das, was die Mathematiker unter den Wörtern Grenzwert und Unendlich verstehen; es fragt sich nun, ob diese Begriffe sich gänzlich in der Elementarmathematik vermeiden lassen? Wer dies täte, müßte sich zu gleicher Zeit entschließen, die Theorie der Irrationalzahlen zu streichen ebenso wie die Bestimmung der Fläche des Kreises, des Volumens der Pyramide und der runden Körper, mit einem Wort, er müßte aus dem mathematischen Gymnasialunterricht die schönsten und wichtigsten Kapitel herausreißen. Nachdem aber so die Unmöglichkeit erwiesen ist von den Mittelschulen die Grundlagen der Infinitesimalrechnung zu verbannen, scheint wohl der Vorschlag natürlich und vernünftig, diese Grundlagen methodisch und streng auseinander zu setzen, damit sie dann angewendet werden können, um nach einem einheitlichen Verfahren nicht bloß alle elementaren Sätze der gewöhnlichen metrischen Geometrie, sondern auch allgemeinere Resultate ähnlichen Charakters abzuleiten; um so mehr als es nur auf diese Weise gelingt in einer völlig befriedigenden Form die Begriffe der Geschwindigkeit und Beschleunigung einzuführen, Dinge, die ja in keinem Physikunterricht fehlen können. Genau das will auch die Schar derer erreichen, die unter der Fahne Kleins fechten; irre ich nun, wenn ich der Meinung bin, dieser Gedanke sei so erhaben und beachtenswert, daß unsere heißen Siegeswünsche die begleiten sollen, die gegenwärtig für seinen Triumph kämpfen?

Von dem Tag an, wo die analytische Geometrie und die Infinitesimalrechnung nicht mehr vollständig dem Hochschulunterricht anvertraut sein werden, wird sich auch dieser in einer Weise entwickeln können, die allgemein gehegten Wünschen entspricht; so wird, was die künftigen Techniker betrifft, das Studium der theoretischen Mechanik vorausgenommen werden können und der vielfach von praktischer Seite geäußerte Wunsch erfüllt werden, die technischen Gegenstände möchten eine umfangreichere Behandlung erfahren als dies heute ausführbar ist; und was hinwieder die anlangt, welche sich der reinen Mathematik zuwenden, so wird man in deren Studiengang wenigstens einige der heute zu einer ungerechten Verbannung verdammten Fächer einfügen können, wie die Differentialgeometrie und die Zahlentheorie, die Grundlagen der Geometrie[1]) und die Theorie der Substitutionen.

VIII.

Gegen die von mir vertretenen Reformvorschläge fühle ich, auch von seiten der Wohlwollenderen, einen Einwurf sich geltend machen, dem sofort aufs Entschiedenste begegnet werden muß. Man wird mir sagen, die Lehrpläne für den mathematischen Unterricht seien bereits so mit Stoff beladen im Vergleich mit den zur Verfügung stehenden Stunden, daß es an Tollheit grenze, sie noch reicher ausstatten zu wollen. Diese Bemerkung ist von unbestreitbarer Richtigkeit; ich werde daher suchen anzugeben, wie ich mir denke, daß dieser so erwachsenden Schwierigkeit begegnet werden könnte.

Zu allererst bemerke ich, daß die reinliche Scheidung von Algebra und Geometrie, wie sie in unseren Schulen allgemein durchgeführt wird, abgesehen davon, daß sie den Studierenden hindert sich genaue Rechenschaft abzulegen von der Möglichkeit alle Fragen, die sich auf irgend ein in Rede stehendes Problem über ebene oder räumliche Figuren beziehen, mittels verschiedener Methoden zu behandeln, eine bedauernswerte Zeitverschwendung bedeutet[2]). Die strenge Einheit der Methode — die vom logischen Standpunkt aus eine wesentliche Eigenschaft jeder mathematischen Theorie sein muß — vermehrt, wenn man sie schon im ersten Stadium des Unterrichts anwendet, die Schwierigkeiten des Erlernens und verstößt gegen das berühmte »Gesetz von der Ökonomie des Denkens«, das von Mach in so präg-

[1]) Ich bemerke bei dieser Gelegenheit, daß im laufenden Semester F. Klein zu Göttingen eine Vorlesung hält über *Die Elementargeometrie vom Standpunkte der höheren Mathematik aus betrachtet.*

[2]) Unter den Schäden, die aus diesem System entspringen, sei nur aufgeführt, daß die Trigonometrie wie ein eigenes Fach gelehrt wird, statt als ein Abschnitt der metrischen Geometrie.

nanter Weise aufgestellt wurde[1]. Das hatte wohl schon Luigi Cremona vor Augen, da er gegen das Ende seiner ruhmvollen Laufbahn vorschlug, die Lehrstühle für projektive und analytische Geometrie miteinander zu verschmelzen, um zu erreichen, daß jede Frage der Geometrie mit der ihrer innersten Natur am meisten entsprechenden Methode behandelt würde, gemäß dem Prinzip des kleinsten Zwanges den Weg durchlaufend, der den geringsten Widerstand bietet.

An zweiter Stelle möchte ich bemerken, daß von der Elementarmathematik ganze Abschnitte ohne irgend einen Schaden unseren Studierenden erspart werden könnten. Dahin gehört z. B. die Theorie der Proportionen, die mit ihrer ganzen komplizierten Bezeichnungsweise sich uns als das darstellt, was sie wirklich ist, d. h. als ein Überbleibsel einer heute überflügelten Wissenschaft; in der Tat bildete diese Theorie aus bekannten Gründen einen Hauptteil der Größenlehre bei den griechischen Mathematikern und Euklid hat ihr eben deswegen eines der bewundernswertesten und bewundertsten Bücher seiner *Elemente* gewidmet; aber was bietet sie wesentlich neues den Augen dessen, der die Anfangsgründe der Theorie der linearen Gleichungen mit einer Unbekannten kennt? Der Wahrheit zu Ehren muß gesagt werden, daß die neueren Lehrbücher (speziell die der Arithmetik) den Proportionen nicht mehr die hunderte von Seiten widmen, die ihnen von den geistigen Führern der Alten zuerkannt wurden; trotzdem bilden die langen Ausführungen, die noch heute vielfach gedruckt werden über den »Dreisatz«, die »Mischungs- und Alligations-Regel« und ähnliches mehr ein unnützes Hemmnis und würden viel besser durch einige wenige Betrachtungen über die Gleichungen ersten Grades ersetzt; so bekäme der Schüler einen weniger dicken Band und eine größere Menge wirklich kräftiger Nahrung!

Durchlaufen wir nun die Lehrpläne einiger unserer Schulen, so finden wir mehrere Nummern, deren Weglassung ich augenblicklich befürworten möchte, da der Nutzen der Gegenstände, auf die sie sich beziehen, ein sehr fraglicher ist. Solcher Art erscheint die elementare Theorie der Maxima und Minima und die rein elementare Bestimmung des wahren Wertes unbestimmter Ausdrücke, Theorien, die von anderen Gründen ganz abgesehen wegen ihres beschränkten Anwendungsbereiches dem Rahmen der heutigen Mathematik fremd erscheinen

[1]) Siehe Kap. IV des bekannten Werkes *Die Mechanik in ihrer Entwicklung historisch-kritisch dargestellt* (Leipzig, F. A. Brockhaus, 1897).

und, man möchte fast sagen, vom Gesetzgeber nur ausgewählt wurden mit der Absicht, die Möglichkeit zu bieten zur Durchnahme geschickter Rechenkunstgriffe und Stoff zu geben für kuriose Fragestellungen. Ebenso zaudere ich nicht die Verbannung vorzuschlagen für die Begriffe der unbestimmten Analytik ersten Grades, die zu keinem Resultat von irgend welcher praktischen Bedeutung führen und andererseits weder eine logische Fortsetzung noch eine natürliche Vorbereitung irgend einer anderen Theorie bilden[1]. Schließlich zweifle ich sehr, ob es passend sei im Lehrplan der Mittelschulen die sogenannte »elementare« Theorie der Kegelschnitte beizubehalten, eine Theorie, in der keinerlei allgemeine Idee neuer oder fruchtbarer Art herausgearbeitet wird und welche, durch die dort zur Anwendung kommenden komplizierten Gedankengänge, den Schüler außerordentlich ermüdet. Hat man aber den Begriff der Korrespondenz eingeführt und die Grundlagen der kartesischen Geometrie gelegt, so wird man wenigstens die Kenntnis einer der Methoden vermitteln können, welche die moderne Geometrie in so fruchtbringender Weise verwendet, um diese berühmten Kurven zu studieren[2]. Zollen wir glühende Bewunderung den genialen Methoden, mittels deren Apollonius Pergaeus die Eigenschaften der Kurven zweiter Ordnung ableitete; aber beeilen wir uns andererseits, den künftigen Streitern im Kampf um die Wahrheit jene außerordentlich fruchtbringenderen und leistungsfähigeren Verfahren, die durch die Namen Fermat und Descartes, Steiner und Chasles, Möbius und Cremona bezeichnet sind, zur Verfügung zu stellen!

IX.

Die Reformen, deren allgemeine Umrisse ich gezeichnet habe, erscheinen meinem Urteile ausführbar, wenn ich mir die jungen, wertvollen Kräfte vor Augen halte, die in den letzten 30 Jahren sich für den staatlichen Unterricht anwerben ließen und dank denen das geistige Niveau unseres Lehrkörpers auf eine Höhe kam, die die Freude

[1]) Viel vernünftiger wäre es in den Mittelschulen wenigstens eine der Methoden zur Lösung von Gleichungen 3. und 4. Grades zu lehren.

[2]) Mit großer Befriedigung merke ich an, daß auf diesen Vortrag hin mehrere Lehrer von technischen Instituten (darunter die Professoren Bardelli und Ciani) mir erklärten, sie hätten sofort Gebrauch von dem Verfahren gemacht, mittels kartesischer Koordinaten in die Grundeigenschaften der Kegelschnitte einzuführen.

und den Stolz unseres Vaterlandes bildet. Und gerade den Jungen, die in der Regel einem Neuerungen mißgünstigen Skeptizismus weniger zugänglich sind, lege ich meine Ideen ans Herz, die ich belebt durch den Hauch des Wiederaufschwunges, der meine Gedanken fächelt, den Mut hatte Ihnen darzulegen und die von vielen geteilt werden. Glauben Sie nicht, daß die Resultate, die Sie einst als Schüler erreichten und die Sie heute als Lehrer erzielen, von dem befolgten Studiengange abhingen; Ihre Intelligenz und Ihr Eifer bieten sichere Gewähr, daß Sie dasselbe auch mit einem moderneren Lehrplan leisten würden. Fürchten Sie nicht, daß die erstrebte Umwertung eine bedauernswerte Erschwerung für die Schüler bedeuten würde; denn die Aneignung der allgemeinen Ideen, auf denen die heutige Mathematik fußt, erweist sich in der Regel als weniger ermüdend und für die Jugend anziehender wie das Verfolgen der langen und häufig kunstvollen Beweise der antiken Geometrie. Und wäre es andererseits ein so großes Übel, wenn wirklich infolge dieser Reform die Schwierigkeiten der Gymnasialstudien wachsen würden? Die Auswahl der jungen Leute, die von Natur zu den freien Berufen sich eignen, würde in solchem Falle, mehr wie gegenwärtig, zu der Wirklichkeit besser entsprechenden Resultaten führen; es würde sich die Zahl derer vermindern, die Bismarck mit einem einer souveränen Verachtung entspringenden drastischen Wort als das »Abiturientenproletariat« bezeichnete, und bedeutende Kräfte würden sich in anderen nicht weniger erhabenen Berufen betätigen, die nur leider bei uns nicht genügend in Ehre gehalten werden.

Meine Herren!

In dem Augenblicke, wo ich mich von Ihnen verabschiede, darf ich allerdings nicht die schmeichelnde Hoffnung hegen, Sie alle den Ideen zustimmend zu wissen, als deren Verteidiger ich mich vorgestellt habe. Was ich aber billigerweise von Ihnen, denen ehrliche Arbeit die Ruhe und Gelassenheit des Geistes bewahrt, erbitten darf, ist, meine Vorschläge mit der leidenschaftslosen und wohlwollenden Unparteilichkeit zu prüfen, mit der ich sie Ihnen vorlegte, der ich, wenn auch hohen Idealen nachstrebend, doch der Wirklichkeit nicht vergesse. Zurückgekehrt an Ihre Wohnsitze, denken Sie nach über die Reform, die ich mit aufrichtigem Vertrauen Ihrem erleuchteten

Urteil unterbreitet habe; versuchen Sie dieselbe durchzuführen, soweit die Schulordnungen es gestatten und Ihr eigenes gesundes Empfinden Sie drängt; geben Sie den urteilsberechtigten Vertretern der Wissenschaft Nachricht über die Früchte Ihrer Beobachtungen und die gemachten Erfahrungen, und wenn die einen oder anderen meiner Voraussicht entsprechen, bearbeiten Sie die öffentliche Meinung zugunsten des gewünschten Umschwungs. Erst wenn solche Beobachtungen und Erfahrungen in großem Umfange vorliegen und wenn sie unter verschiedenen Verhältnissen wiederholt sein werden, dann wird es möglich sein zu entscheiden, ob die Gedanken und Wünsche, die ich vor Ihnen ausbreitete, aufgefaßt werden müssen nur als der Widerschein von Träumen, die sich vor dem Lichte einer strengen Kritik verflüchtigen, oder aber als eine allererste Einleitung zu besseren Zeiten für unsere Wissenschaft und für unser Vaterland.

FSC
www.fsc.org
MIX
Papier | Fördert gute Waldnutzung
FSC® C083411

Kolibri 360 GmbH
Ferdinand-Jühlke-Straße 7
99095 Erfurt, Deutschland
produktsicherheit@kolibri360.de